Bibliografische Information der Deutschen Nationalbibliothek:

Die Deutsche Bibliothek verzeichnet diese Publikation in der Deutschen National-bibliografie; detaillierte bibliografische Daten sind im Internet über http://dnb.d-nb.de/ abrufbar.

Dieses Werk sowie alle darin enthaltenen einzelnen Beiträge und Abbildungen sind urheberrechtlich geschützt. Jede Verwertung, die nicht ausdrücklich vom Urheberrechtsschutz zugelassen ist, bedarf der vorherigen Zustimmung des Verlages. Das gilt insbesondere für Vervielfältigungen, Bearbeitungen, Übersetzungen, Mikroverfilmungen, Auswertungen durch Datenbanken und für die Einspeicherung und Verarbeitung in elektronische Systeme. Alle Rechte, auch die des auszugsweisen Nachdrucks, der fotomechanischen Wiedergabe (einschließlich Mikrokopie) sowie der Auswertung durch Datenbanken oder ähnliche Einrichtungen, vorbehalten.

Impressum:

Copyright © 2017 GRIN Verlag, Open Publishing GmbH
Druck und Bindung: Books on Demand GmbH, Norderstedt Germany
ISBN: 9783668540439

Dieses Buch bei GRIN:

http://www.grin.com/de/e-book/374503/sukzessive-einfuehrung-der-it-infrastructure-library-bei-einem-mittelstaendischen

Simon Grimm

Sukzessive Einführung der "IT Infrastructure Library" bei einem mittelständischen Cloud-Anbieter im medizinischen Bereich

GRIN Verlag

GRIN - Your knowledge has value

Der GRIN Verlag publiziert seit 1998 wissenschaftliche Arbeiten von Studenten, Hochschullehrern und anderen Akademikern als eBook und gedrucktes Buch. Die Verlagswebsite www.grin.com ist die ideale Plattform zur Veröffentlichung von Hausarbeiten, Abschlussarbeiten, wissenschaftlichen Aufsätzen, Dissertationen und Fachbüchern.

Besuchen Sie uns im Internet:

http://www.grin.com/

http://www.facebook.com/grincom

http://www.twitter.com/grin_com

Sukzessive Einführung der *IT Infrastructure Library*® bei einem mittelständischen *Cloud*-Anbieter im medizinischen Bereich

ASSIGNMENT

zum Abschluss des Moduls IMG41
IT-Strategie und Umsetzung

an der AKAD Hochschule Stuttgart

von

Simon Grimm

09.08.2017

Bearbeitungszeitraum: 18.07. – 09.08.2017
Studiengang: M.Sc. – IT-Management

Inhaltsverzeichnis

Abbildungsverzeichnis

Abkürzungsverzeichnis

AIS	Arztinformationssystem
CM	Change Management
CMDB	Configuration Management Database
ERP	Enterprise Resource Planning
FCRR	First Contact Resolution Rate
IaaS	Infrastructure-as-a-Service
IEC	International Electrotechnical Commission
IM	Incident Management
ISO	International Organization for Standardization
IT	Informationstechnologie
ITIL	IT Infrastructure Library
ITSM	IT-Service Management
KIS	Krankenhausinformationssystem
PDCA	Plan-Do-Check-Act Methode
PM	Problem Management
SaaS	Software-as-a-Service
SMS	Service Management System

1 Einleitung

1.1 Problemstellung und Motivation

Die Digitalisierung der Industrie ist längst in vollem Gange, eine Geschäftswelt ohne flächendecken-de Informationssysteme ist kaum noch denkbar.[1] Als Anbieter im Bereich der Informationstechnik (Englisch: *Information* Technology; kurz: IT) reicht es heutzutage nicht mehr aus, funktionierende Software oder Systemkomponenten zu verkaufen und zu implementieren. Anbieter von Informati-onstechnologie – ob unternehmensintern oder –extern – sehen sich mit steigenden Kundenerwartun-gen konfrontiert, die von einem durchdachten Management der IT-Komponenten und – Dienstleistungen bis hin zu einer unternehmensweiten, ganzheitlichen IT-Strategie reichen.[2] Unter-nehmen hingegen sehen sich gezwungen, nicht nur effiziente und gut strukturierte Geschäftsprozes-se, sondern ein auf die internen und externen Kunden abgestimmtes IT-Service Management (kurz: ITSM) einzuführen, um auf dem freien Markt wettbewerbsfähig zu bleiben.[3]

Eine Lösung für diesen Wandel bietet die *IT Infrastructure Library*® (kurz: ITIL), die dem Namen entsprechend eine Vielzahl verschiedener Vorgehensweisen und Prozesse des IT-Service Manage-ments bündelt, die sich in der Industrie als so genannte *Good Practices*, das heißt nachgewiesener-maßen funktionierend, erwiesen haben. ITIL versucht die verschiedenen Vorgehensweisen zu ver-knüpfen und somit eine ganzheitliche Strategie zur Entwicklung, Bereitstellung, Verwaltung und Verbesserung der IT innerhalb eines Unternehmens sowie die Ausrichtung der IT auf die Kunden des Unternehmens oder auf interne Fachbereiche zu beschreiben.[4]

Während die Implementierung und Bereitstellung von IT-Service Management und dazugehörigen Tools sowie Frameworks in großen und oftmals globalen Unternehmen bereits seit einiger Zeit die Regel ist, gibt es nach wie vor zahlreiche mittelständische[5] Unternehmen – sowohl inner- als auch außerhalb des IT-Sektors – ohne eine geeignete ITSM-Strategie.[6] Um jedoch langfristig am Markt konkurrenzfähig zu bleiben sehen sich auch mittelständische Unternehmen mit internen oder exter-nen IT-Dienstleistungen zur Entwicklung einer IT-Strategie und Implementierung eines ITSM-Frameworks gezwungen. Dieser Vorgang der Evaluierung, Planung und letztendlich Implementie-

---

[1] Bundesministerium für Wirtschaft und Energie 2017
[2] Andenmatten 2010
[3] Marrone und Kolbe 2011
[4] Beims und Ziegenbein 2015
[5] Mittelstand: Unternehmen mit weniger als 250 Mitarbeitern und einem Umsatz von weniger als 50 Mio. €
(Bundesministerium für Bildung und Forschung 2005)
[6] Marrone et al. 2014

rung des bekanntesten Frameworks ITIL soll in diesem Assignment anhand eines beispielhaften Unternehmens praktisch durchgeführt und theoretisch begleitet werden, um verschiedene Wege der Einführung eines solchen Frameworks aufzuzeigen.

1.2 Zielsetzung

Das Finalziel der vorliegenden Ausarbeitung ist die dokumentierte Planung und Einführung der IT Infrastructure Library® in einem fiktiven mittelständischen Unternehmen namens MediCloud Services GmbH zur Optimierung der IT-Strategie und des IT-Managements. Zur Erreichung des Finalziels werden deshalb die unten aufgeführten Modalziele definiert:

1. **Erarbeitung der theoretischen Grundlagen und Definitionen**
   a. *Einführung in die Grundlagen von IT-Service Management*
   b. *Einführung und Prozessübersicht der IT Infrastructure Library®*
2. **Aufnahme der Ist-Situation und Planung des Soll-Zustands**
   a. *Analyse des Unternehmens und der Geschäftsbereiche*
   b. *Festlegung der zu implementierenden ITIL-Prozesse*
3. ***Planung der Übergangsphase / –strategie und sukzessive Implementierung***
   a. Festlegung eines Qualitätsmanagementsorgans zur fortlaufenden Überprüfung

1.3 Aufbau der Arbeit

Nach dem einführenden Teil der Arbeit, in dem die Problemstellung, Motivation, Zielsetzung und der Aufbau erarbeitet werden, wird sich im zweiten Kapitel mit den theoretischen Grundlagen des IT-Service Managements sowie der IT Infrastructure Library® beschäftigt. Hierbei liegt der Fokus insbesondere auf der Übersicht von ITIL sowie den übergeordneten Prozessen, mit deren Hilfe eine ITSM-Strategie und –Implementierung erreicht werden soll. Im dritten Kapitel erfolgt der praktische Teil der Ausarbeitung in dessen Verlauf ITIL bei der MediCloud Services GmbH eingeführt, dokumentiert und anschließend kontinuierlich optimiert wird. Im vierten Kapitel werden die Ergebnisse in einem abschließenden Fazit kritisch betrachtet und mit der Zielsetzung aus Kapitel 1.2 abgeglichen.

2 Theoretische Grundlagen und Definitionen

2.1 IT-Service Management

Im Zuge des Wandels der informationstechnischen Industrie hin zur Kunden- und Dienstleistungsorientierung wuchs der Bedarf an einem einheitlichen und konsolidierten Management der angebotenen IT-Services, sowohl für externe als auch interne IT-Organisationen.[7] Eine erste Antwort auf diesen Bedarf gab im Jahr 2000 die *BS1500* des British Standard Institutes, die zunächst eine einheitliche Spezifikation des Begriffs Service Managements, einen rudimentären Leitfaden sowie einen Fragebogen zur Selbsteinschätzung erarbeitete.[8] Im Jahr 2005 wurde diese dann zur ISO/IEC 20000-Norm weiterentwickelt, die heute als internationaler Standard fungiert und eine zierung in IT-Service Management auf Unternehmens-Basis ermöglicht.[9]

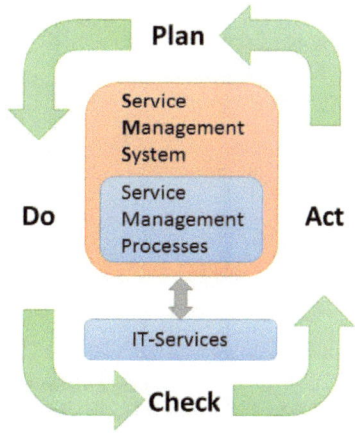

Abbildung 1: PDCA-Vorgehensweise in ITSM
Quelle: Eigene Darstellung nach ISO 20000

Die ISO/IEC 2000 definiert das IT-Service Management als „*set of capabilities and processes to direct and control service provider's activities and resources for the design, transition, delivery and improvement of services to fulfil the service requirements*".[10] Um diese Prozesse und Möglichkeiten umzusetzen wird im Standard ein Service Management System (kurz: SMS) vorausgesetzt, mit dem die Aktivitäten des IT-Dienstleisters koordiniert und kontrolliert werden. Dieses Management System soll nach der zyklischen PDCA-Methode aufgesetzt werden, was für Plan-Do-Check-Act steht. Bei dieser Vorgehensweise steht die kontinuierliche Verbesserung und Überprüfung der angebotenen Services auf Basis von zuvor definierten Zielvorgaben im Vordergrund, so dass auf Kundenbedürfnisse schnell und effizient reagiert werden kann (Vgl. Abbildung 1: PDCA-Vorgehensweise in ITSM).[11]

---

[7] Clifford 2008
[8] Beims und Ziegenbein 2015
[9] Clifford 2008
[10] ISO/IEC 20000:2011
[11] Ebenda

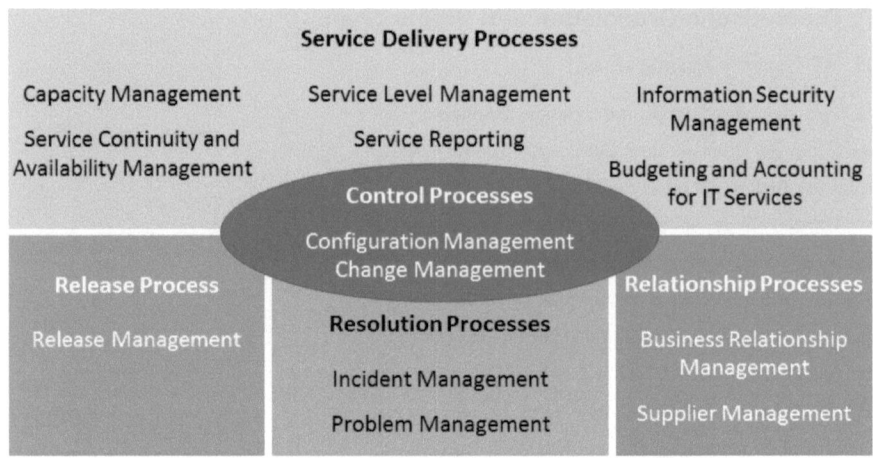

Abbildung 2: IT-Service Management Prozesse nach ISO/IEC 20000
Quelle: Eigene Darstellung, in Anlehnung an [van Bon, Clifford 2008]

Zum Management der IT-Services schlägt der Standard den Einsatz eines integrierten Prozessmodells vor, um die verschiedenen Aspekte der Entwicklung, Einführung und des Betriebs von IT-Services abzudecken (Vgl. Abbildung 2: IT-Service Management Prozesse nach ISO/IEC 20000). Diese Service Management Prozesse bilden die Basis des bereits erwähnten SMS.

2.2 IT Infrastructure Library®

Die IT Infrastructure Library bietet seit vielen Jahren Prozesse und Vorgehensweisen, um eine ITSM-Strategie innerhalb einer IT-Organisation aufzubauen. Sie hat sich mittlerweile als De-facto-Standard etabliert und verfolgt das Ziel, Erfahrungen und Implementierungen der Industrie mit ITSM zu sammeln, diese zu generalisieren und als *Good* bzw. *Best Practice*-Ansätze bereitzustellen.[12] Da sowohl ITIL als auch der ISO/IEC 20000-Standard auf Basis der Erfahrungen und Auswertungen aus der Industrie entwickelt wurden, sind die behandelten Vorgehensweisen, Prozesse und Modelle sehr ähnlich. Während der ISO/IEC-Standard die für eine Zertifizierung notwendigen Minimalkriterien definiert kann die ITIL-Implementierung dabei helfen, diese Zertifizierung mit konkreten Modellen in einer angepassten Umsetzung zu erreichen.[13]

---

[12] Beims und Ziegenbein 2015
[13] Rudd 2010

In ITIL v3 werden die insgesamt 26 verschiedenen Pro- zesse in *Governance-* und *Operational*-Prozesse, also steuernde und operative Prozesse aufgeteilt und den fünf definierten Instanzen des Service Managements zugeord- net. Die Governance-Prozesse gehören den Instanzen *Service Strategy* und *Continous Service Improvement*, die Operational-Prozesse den Instanzen *Service Design, Ser- vice Transition* und *Service Operation* an. Jede dieser fünf Instanzen ist auf eine bestimmte Phase im Service Life- cycle ausgerichtet (Vgl. Abbildung 3: IT-Service-Phasen nach ITIL).[14]

Abbildung 3: IT-Service-Phasen nach ITIL
Quelle: Eigene Darstellung nach ITIL v3

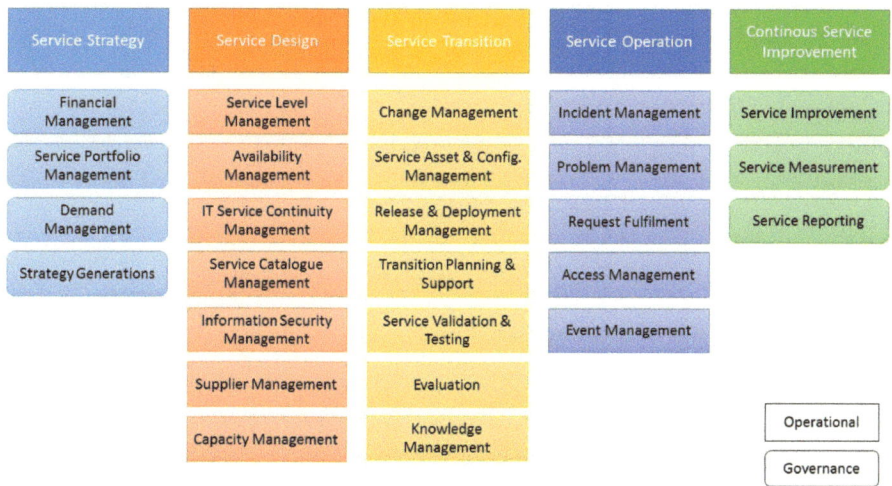

Abbildung 4: Übersicht der Phasen und Prozesse nach ITIL v3 2011
Quelle: Eigene Darstellung, in Anlehnung an [Andenmatten 2010]

Die Phase der Service Strategy soll IT-Services als strategische Vermögenswerte einer IT- Organisation positionieren. Der Service Strategy-Prozess ist im Rahmen des Service Portfolio Mana- gements auch dafür verantwortlich, welche Dienstleistungen die IT-Organisation auf Basis der Kun- denbedürfnisse anbietet und welche Fähigkeiten dazu benötigt werden.[15] Nach der Ausarbeitung und Definition von konkreten Kundenanforderungen (Englisch: *User Requirements*) werden in der Phase

---

[14] Fry 2010
[15] Buchsein 2008

des Service Designs entsprechende Services gestaltet und dokumentiert, die diese Anforderungen bestmöglich abdecken können. Dabei kann es sich sowohl um eine Neuentwicklung von Services, als auch um eine Überarbeitung vorhandener Services handeln.[16] Diese entwickelten Services werden in der Phase Service Transition mithilfe des Service Management Systems aufgebaut und für die Kunden implementiert. Hierbei spielt vor allem der Übergang zwischen den Services sowie Prozessen aus Kundensicht eine entscheidende Rolle und ist ausschlaggebend für die Kundenzufriedenheit.[17] Nach dem Übergang beginnt der operative Betrieb eines Services und somit der direkte Kontakt mit dem Kunden. Diese Phase wird von der Service Operation-Instanz abgedeckt und stellt aufgrund der Kundennähe und durchschnittlichen Lebensdauer die wichtigste Phase dar. Hervorzuheben ist in dieser Phase das Incident- und Problem Management, die zur effizienten Verwaltung und Beseitigung von Störfällen beitragen. Hierbei spielen kundenseitig auch emotionale Aspekte eine wichtige Rolle, wenn zum Beispiel persönliche Ziele aufgrund einer Störung gefährdet sind.[18] Um den kontinuierlichen Verbesserungsprozess der Services aufrecht zu erhalten wurde die Phase des Continous Service Improvement eingeführt, deren Ziel es ist, die IT-Prozesse mithilfe von Leistungskennzahlen fortlaufend auf Effektivität und Effizienz zu überprüfen und somit Verbesserungspotenziale direkt erkennen zu können. Idealerweise sollen die Services so kontinuierlich an die Kundenbedürfnisse angepasst werden (Vgl. Abbildung 4: Übersicht der Phasen und Prozesse nach ITIL v3 2011).[19]

3 Einführung von ITIL® bei der MediCloud Services GmbH

3.1 Vorstellung der MediCloud Services GmbH

Um die Planung und Implementierung von ITIL zur Erreichung einer ITSM-Strategie durchführen zu können werden in diesem Kapitel zunächst die Geschäfts- und Rahmenbedingungen des fiktiven Unternehmens MediCloud Services GmbH definiert. Hierzu werden insbesondere die internen und externen Dienstleistungen sowie die aktuelle IT-Organisation beschrieben.

Die MediCloud Services GmbH sind ein deutschlandweit agierendes Unternehmen mit zurzeit 212 Mitarbeitenden, die verschiedene Dienstleistungen im Bereich der Cloud-Virtualisierung für medizinische Einrichtungen anbieten. Der Kundenkreis beschränkt sich auf Arztpraxen und Kliniken bzw. Krankenhäuser, sowohl für Human- als auch Veterinärmedizin. Zurzeit betreut das Unternehmen 1895 Kunden. Die anfängliche Geschäftsidee, die Virtualisierung und Zentralisierung von Server-

---

[16] Ebel 2012
[17] van Bon und Dauer 2012
[18] Andenmatten 2010
[19] Frey 2015

und Client-Infrastrukturen für medizinische Institutionen, wurde im Laufe der Zeit ausgebaut und umfasst insbesondere die Cloud-Leistungen *Software as a Service* (kurz: SaaS), *Infrastructure as a Service* (kurz: IaaS) und hybriden Mischformen für spezielle Hardware, beispielsweise Diagnosegeräte. Dabei liegt der Fokus auf einem zentralisierten Management der bereitgestellten Software, die auf virtualisierten, verteilten und in der Rechenleistung flexiblen Serversystemen gehostet wird. Der Kunde kann aus einem Portfolio verschiedener Softwaresysteme wählen, welche von der MediCloud Services GmbH angeboten werden. Im Angebot sind zurzeit diverse Arztinformationssysteme (kurz: AIS), Krankenhausinformationssysteme (kurz: KIS), spezialisierte Software-Systeme verschiedener ärztlicher Fachrichtungen und Verwaltungssoftware von Diagnose-Geräten. Außerdem besteht für die Kunden die Möglichkeit nach einer individuellen Beratung und Implementierung von Software- oder Infrastrukturkomponenten. Die Vorteile für die Kunden sind eine Minimierung der lokalen IT-Kompetenzen sowie eine planbare finanzielle Belastung für IT-Komponenten, da eine monatliche Service-Gebühr erhoben wird und sämtliche Soft- sowie Hardware durch die MediCloud Services GmbH verwaltet wird. Gleichzeitig erhalten die Kunden ein bewährtes und einheitliches Konzept, welches eine hohe Sicherheit, Flexibilität und Leistung bietet. Das Portfolio wird durch Kooperationen mit den namhaftesten Softwareherstellern ständig erweitert. Auch die Instandhaltung von Soft- und Hardwaresystemen findet durch die Kooperationen – sofern möglich – außerhalb der regulären Betriebszeiten und nicht bei den Kunden vor Ort statt.

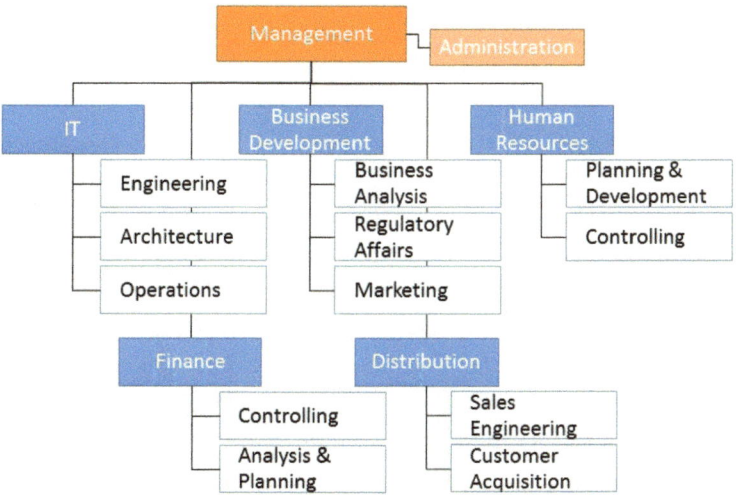

Abbildung 5: Organigramm der fiktiven MediCoud Services GmbH

Quelle: Eigene Darstellung

Das Unternehmen ist zur Zeit in fünf Hauptabteilungen aufgeteilt, die Abbildung 5 entnommen werden können. Neben der Geschäftsführung samt Verwaltung gibt es die Bereiche IT, Business Development (Deutsch: Geschäftsfeldentwicklung), Human Resources (Deutsch: Personalwesen), Finance und Distribution (Deutsch: Vertrieb). Während zwar auch interne Bereiche IT-Dienstleistungen der hauseigenen IT beziehen – bspw. ein eingesetztes *Enterprise-Resource-Planning*-System (kurz: ERP) – liegt der Fokus des Assignments auf den Bereichen IT und Distribution, da diese in den kundennahen IT-Services eingebunden sind.

3.2 Aufnahme des Ist-Zustands

Die Einführung von ITIL und dementsprechend der Erfolg sind maßgeblich von der Planung der künftigen Prozesse abhängig. Somit ist auch die Aufnahme des Ist-Zustands für einen gelungenen Transfer unumgänglich.[20] Zur Aufnahme des Ist-Zustands der IT-Services und –Strukturen können verschiedene Instrumente dienen, beispielsweise Interviews mit Fachexperten, empirische Untersuchungen mittels Fragebogen oder einer SWOT-Analyse.[21] Auch das Heranziehen vorhandener Service-Verträge mit Kunden und eine IT-Landschaftsanalyse kommen ergänzend in Frage.[22]

Bei der MediCloud Services GmbH ergibt die Ist-Analyse eine bereits gut ausgeprägte organisatorische Differenzierung der IT-Organisation, die zurzeit in die Fachbereiche *Architecture*, *Engineering* und *Operations* aufgeteilt ist. Auch beim *Portfolio Management* sind Konzepte durch Nutzung sozialer Medien und Intranet-Auftritte erkennbar, so dass die Kundenakquise jederzeit über die verfügbaren Leistungen der IT-Organisation verfügt. Als problematisch im Sinne von ITIL wird die Verwaltung der Hard- und Softwareressourcen gesehen, die sich nach einer Landschaftsanalyse ergibt. So existiert keine konsolidierte Übersicht der verfügbaren Systeme, ebenso wenig wie eine einheitliche Verwaltung der Instandhaltungszyklen. In diesem Zuge fällt auch auf, dass Änderungen an den Systemen ohne Dokumentation und Absprache zwischen den IT-Teams erfolgen. Auch der Umgang mit Störfällen und Anfragen ist nach Auswertung der Interviews und Fragebögen mangelhaft, denn diese werden per E-Mail oder Telefon direkt an einzelne Mitarbeiter herangetragen. Wiederkehrende Störfälle werden auf diese Weise nicht erfasst und eine effiziente Abarbeitung der Probleme verhindert. Für die Verwaltung der Zugänge zu den Kundensystemen gibt es keine einheitlichen Regelungen, so dass in der Regel die Vertriebsingenieure aufgrund der Nähe zu den Kunden diese Aufgaben übernehmen, was häufig zu Irritationen und Fehlern bei der Server-Wartung führt. Die Services sind

---

[20] Rudd 2010
[21] Mohamed et al. 2008, Zielke 2010
[22] Beims und Ziegenbein 2015

durch Verträge mit den Kunden beschrieben und auch Support-Zeiten werden dort definiert, jedoch gibt es für die Kunden keinen *Single-Point-of-Contact*, d.h. eine zentrale Anlaufstelle für Anfragen und Probleme. Eine weitere Herausforderung stellt der Umgang mit Kundenanforderungen dar, die nicht konsolidiert gesammelt und verwaltet werden, sondern über den Vertrieb an IT-Mitarbeiter herangetragen werden. Eine Überwachung und Auswertung der Services findet lediglich über Befragungen der Kunden statt, die regelmäßig mit einer Zufriedenheitsrate unter 60% endet. Das Management entschließt sich aufgrund der Ist-Analyse der IT-Dienstleistungen zur Einführung des ITSM-Frameworks ITIL und stellt hierzu ein Projekt mit *Steering Committee* aus Mitgliedern der Geschäftsführung, IT-Organisation und Vertrieb zusammen. Begleitet wird das Projekt von einem externen IT-Consulting Unternehmen.

3.3 Planung des Soll-Zustands und des sukzessiven Übergangs

Im folgenden Kapitel wird der Soll-Zustand nach der ITIL-Einführung sowie der Übergang dorthin geplant. Das Steering Committee wertete die verschiedenen Elemente der Ist-Analyse aus und bewertete diese nach Kritikalität aus Sicht der externen Kunden, also der Arztpraxen und Krankenhäuser. Auf Basis der Analyse und Bewertung der Kritikalität werden tabellarisch Aktivitäten und deren Ziele abgeleitet, die für eine Verbesserung des Umgangs mit IT-Services notwendig sind. In diesem Zuge wird die Soll-Prozess-Struktur entwickelt, in deren Rahmen die zu implementierenden ITIL-Prozesse festgelegt werden. Nach einem ersten Review der notwendigen Aktivitäten werden für die Einführung ITIL zunächst die folgenden 13 Prozesse ausgewählt, da von diesen der meiste Nutzen zu erwarten ist und der zeitliche Aufwand, der unternehmensintern anfällt, so überschaubar bleibt:

- **Service Strategy:** Service Portfolio Management, Demand Management
- **Service Design:** Service Level Management, Availability Management, Service Catalogue Management
- **Service Transition:** Change Management, Configuration Management, Knowledge Management

- **Service Operation:** Incident Management, Problem Management, Request Fulfilment, Access Management
- **Continous Service Improvement:** Service Measurement

Die ausgewählten Prozesse werden dabei nicht im so genannten *Big Bang*-Verfahren, also alle auf einmal, sondern sukzessive und nach Berücksichtigung der gegenseitigen Abhängigkeiten in Phasen eingeführt. Prozesse, die wiederum für die Funktionalität andere Prozesse voraussetzen, werden zusammengefasst und den verschiedenen Phasen zugeordnet (Vgl. Abbildung 6: Implementations-Phasen). Diese Vorgehensweise ist aufgrund des Umfangs aller ITIL-Prozesse und der Individualität jedes Unternehmens üblich.[23]

Wie in Abbildung 6 zu sehen ist, besteht die erste Phase der Implementierung aus dem Training der beteiligten bzw. betroffenen Mitarbeiter, sowie der Definition der bestehenden Service-Prozesse. Damit einhergehend wird das Service Portfolio Management nach ITIL aufgebaut, da dieses bei der Ist-Analyse bereits gut abgeschnitten hat und somit einen guten Einstieg in die Thematik bietet. Das Training der Mitarbeiter findet sich nicht explizit in den ITIL-Prozessen wieder, ist aber für eine Erfolgreiche Implementierung essenziell.[24] Einzelne Benutzer aus den Bereichen Business Development, Distribution und IT werden einer erweiterten Ausbildung und Zertifizierung unterzogen und agieren künftig als Key-User dieser Bereiche, um die ITIL-Prozesse vertreten zu können.

Die zweite Phase beginnt nach erfolgreichem Abschluss der Trainings sowie der Erstellung eines Portfolios aktueller Prozesse und befasst sich insbesondere mit dem Umgang von Störfällen, die die Servicequalität beeinträchtigen. Im Beginn der Phase wird zunächst auf Basis der in der Ist-Analyse erfolgten IT-Landschaftsanalyse das Configuration Management eingeführt,

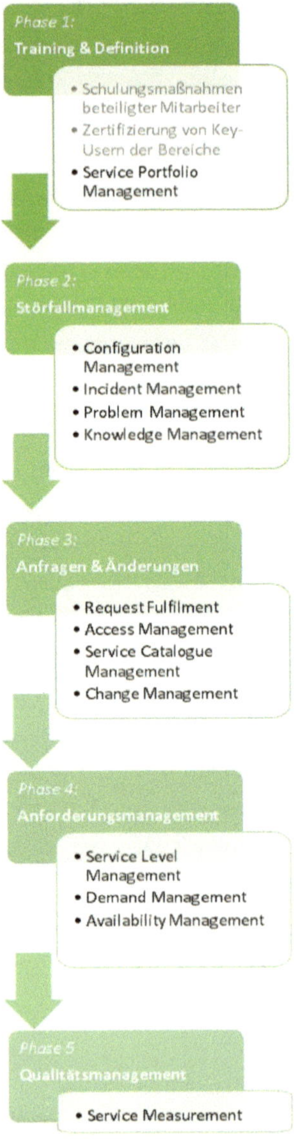

Phase 1:
Training & Definition
- Schulungsmaßnahmen beteiligter Mitarbeiter
- Zertifizierung von Key-Usern der Bereiche
- Service Portfolio Management

Phase 2:
Störfallmanagement
- Configuration Management
- Incident Management
- Problem Management
- Knowledge Management

Phase 3:
Anfragen & Änderungen
- Request Fulfilment
- Access Management
- Service Catalogue Management
- Change Management

Phase 4:
Anforderungsmanagement
- Service Level Management
- Demand Management
- Availability Management

Phase 5:
Qualitätsmanagement
- Service Measurement

Abbildung 6: Implementations-Phasen
Quelle: Eigene Darstellung

---

[23] Fry 2010
[24] Beims und Ziegenbein 2015

welches alle Konfigurationselemente listet und Informationen dazu führt, die für die Erbringung von Services notwendig sind. Es werden also alle Hard- und Softwarekomponenten, die für die Erbringung der Leistungen der IT-Organisation notwendig sind in der Configuration Management Database (kurz: CMDB) eingetragen und benötigte Informationen für das Störungsmanagement dort festgehalten. Das Steering Committee entscheidet sich für die Nutzung des HP Service Manager als Software-Tool zur Unterstützung dieser systemgestützten Prozesse. Nach der Analyse der vorhandenen Komponenten wird der Incident Management-Prozess definiert. In diesem Zuge werden erstmals auch die Support-Prozesse der IT-Organisation angepasst. Die Abteilung IT Operations wird aufgeteilt in die logischen Verantwortlichkeitsbereiche *1st Level Support* und *2nd Level Support*, die um ein Major Incident Team ergänzt werden, das sich um besonders heikle Störungen kümmert. Gleichzeitig wird in den 1st Level Support eine Hotline integriert, die als *Service Desk* agiert und Anfragen bzw. Störungen von Kunden entgegennimmt. Bei Störfällen erstellt dieser zunächst ein Incident-Ticket, das auf die Kritikalität geprüft wird. Ziel ist eine Erstlösungsrate (Englisch: *First Contact Resolution Rate,* kurz: FCRR) von über 60%, so dass Kunden im Optimalfall bei der ersten Meldung eine Lösung erhalten. Ebenfalls in Phase zwei wird das Knowledge Management eingeführt, welches für wiederkehrende Störfälle oder andere IT-Requests bereits erworbenes Wissen und Lösungsstrategien bereitstellen soll, so dass die FCRR effektiv gesteigert werden kann. Für häufig auftretende sowie durch Softwarefehler (Englisch: *Bugs*) verursachte Incidents wird das Problem Management eingeführt. Hiermit lassen sich wiederkehrende Incidents auf ein zugrundeliegendes Problem zurückführen und systemseitig diesem zuordnen. Somit ist eine Auswertung der Problembezogenen Störungen und damit verbundenen Kosten bzw. Ausfälle möglich, sowie ein effizienteres Management dieser Probleme durch die Rolle eines *Problem Managers.*[25]

Die dritte Phase beginnt mit der Implementierung eines Change Management-Prozesses mithilfe des ITIL-Tools HP Service Manager. Somit sollen sämtliche Änderungen an den verschiedenen Systemen des Unternehmens und der Kunden kontrolliert durchgeführt und dokumentiert werden. Der Sinn dahinter ist vor allem die Minimierung des durch eine Änderung entstehenden Risikos, eine Kalkulation der anfallenden Ressourcen (bspw. *Downtimes* oder Mitarbeiter) sowie die Nachvollziehbarkeit und Transparenz von Änderungen an den Configuration Items. Für den Anfang werden Changes mit dem nach der *ITIL Service Transition* vorgeschlagenen Formular eingeführt, durch welches ein Änderungsantrag initiiert werden kann. Zusätzlich wird eine Genehmigungsstruktur hinterlegt, die die betroffenen Einheiten der Changes involviert, bspw. IT Operations oder IT Architecture. Auch das Service Catalogue Management und Request Fulfilment werden in dieser Phase mithilfe

---

[25] Theisen 2012

des zuvor erstellen Portfolios implementiert, so dass die kundennahen Einheiten Services über diesen Katalog bestellen können und für diese Anfragen ein einheitliches Management besteht. Ebenfalls wird das Access Management eingeführt, welches logisch an den 1st Level Support gekoppelt wird, der sich fortan um die Zugangsverwaltung zu den Kundensystemen kümmert.

Phase 4 der Einführung hat vor allem zum Ziel, die Leistung und Verfügbarkeit der angebotenen Services transparent zu machen, sowie die Kunden bei der Erstellung von Services mit einzubeziehen. Zunächst werden die Einheiten IT Architecture und IT Engineering um den Prozess des Demand Managements erweitert, um mit den kundennahen Bereichen – bspw. dem Vertrieb – die Bedürfnisse der Kunden zu erarbeiten und besser zu verstehen, so dass diese in die Design-Entscheidungen mit einfließen können. Die IT Operations-Einheit erarbeitet in dieser Phase ein Konzept für das Availability Management, in dessen Zuge Service Level Agreements mit den Kunden abgeschlossen werden. Die eingesetzten Configuration Items werden somit einer Analyse nach der Verfügbarkeit unterzogen und mit den Kunden eine Vereinbarung über die garantierten Verfügbarkeiten geschlossen.

Phase 5 der Umsetzung implementiert auf Ebene der Geschäftsführung in Funktion eines *Chief Information Officers* ein IT-Qualitätsmanagement, welches sich nach der Projektphase um die kontrollierte Weiterentwicklung – also das Continous Service Improvement – kümmert. In diesem Zuge werden Tools und Auswertungen realisiert, die es ermöglichen, die bereitgestellten Services zu überwachen und Kennzahlen für das zukünftige Service Controlling zu erstellen, auf Basis deren Entscheidungen getroffen werden können.

4 Fazit

Im Rahmen der vorliegenden Ausarbeitung wurde das IT-Service Management-Framework IT Infrastructure Library® bei dem fiktiven Unternehmen MediCloud Services GmbH zunächst evaluiert und anschließen kontrolliert implementiert. Hierzu wurden vorab die theoretischen und regulatorischen Grundlagen des IT-Service Managements und des spezifischen ITIL-Frameworks erläutert und grundlegende Definitionen gelegt. Im praktischen Teil der Ausarbeitung erfolgte eine Analyse der Geschäftsbereiche des fiktiven Unternehmens, sowie eine Ist-Analyse der bestehenden IT-Services und der IT-Organisation. Auf Basis dieser Analysen wurde in einem fiktiven Entscheidungsprozess des Projektteams die zu implementierenden ITIL-Prozesse erarbeitet, die vor allem mit dem Aspekt der Effizienzsteigerung aus Sicht der Kunden gewählt wurden. Für den Übergang wurde aufgrund der Masse an neuen Prozessen eine sukzessive Transition anstelle des *Big-Bang*-Vorgehens gewählt, auch um die beteiligten Mitarbeiter effizienter motivieren zu können. Der Übergang erfolgte in thematisch zusammengefassten Phasen, um die ITIL-Prozesse möglichst effektiv einzuführen. Schluss-

endlich wurde ein permanentes Organ zur kontinuierlichen Überwachung der IT-Prozesse und –
Services in der Rolle des *Chief Information Officers* implementiert, der den zuvor vorgestellten
PDCA-Zyklus nach Deming vervollständigt.

Insgesamt erfolgte die Evaluierung, Planung und Einführung von ITIL erfolgreich und die gesetzten
Modalziele sowie das Finalziel konnten erreicht werden. Kritisch zu sehen ist die mangelnde bzw.
nicht vorhandene Auseinandersetzung mit anderen Frameworks des IT-Service Managements, bspw.
COBIT, eTOM, MOF oder FitSM. Eine vorgeschaltete Evaluierung, welches der zahlreichen ITSM-
Frameworks in der noch jungen Cloud-Branche am effizientesten im Einsatz ist, fehlt in der Ausarbeitung und stellt unter realen Bedingungen einen entscheidenden Erfolgsfaktor dar. Weiterhin ist,
bedingt durch die begrenzt mögliche Länge der Ausarbeitung, die Tiefe der Ausarbeitung der imple-
mentierten Prozesse lediglich als oberflächlich zu betrachten. Essenzielle Faktoren wie das eingesetz-
te ITSM-Tool oder auch der Restrukturierung der gesamten Organisation durch die Anpassung der
unternehmerischen Kernprozesse können somit nur am Rande betrachtet werden, währen aber bei
einer realen Implementierung absolut wichtig. Im Rahmen der gesetzten Aufgabenstellung kann den-
noch von einer erfolgreichen Implementierung und somit Umsetzung der Ziele gesprochen werden.

Literaturverzeichnis

Andenmatten, Martin (Hg.) (2010): IT-Services steuern mit ITIL. Prüfungsvorbereitung zur ITIL V3 Qualifikation Managing across the Lifecycle. 1. Aufl. Düsseldorf: Symposion.

Beims, Martin; Ziegenbein, Michael (2015): IT-Service-Management in der Praxis mit ITIL®. Der Einsatz von ITIL® Edition 2011, ISO/IEC 20000:2011, COBIT® 5 und PRINCE2® ; [neu: jetzt mit COBIT®5 und den Grundlagen zu BPMN 2.0]. 4., überarb. und erw. Aufl. München: Hanser.

Buchsein, Ralf (2008): IT-Management mit ITIL V3. Strategien, Kennzahlen, Umsetzung ; [mit Online-Service]. 2., aktualisierte und erw. Aufl. Wiesbaden: Vieweg + Teubner (Edition CIO).

Bundesministerium für Bildung und Forschung (2005): Definition der kleinen und mittelständischen Unternehmen. Online verfügbar unter http://www.forschungsrahmenprogramm.de/kmu-definition.htm.

Bundesministerium für Wirtschaft und Energie (2017): Digitale Transformation in der Industrie. Hg. v. BWE. Online verfügbar unter https://www.bmwi.de/Redaktion/DE/Dossier/industrie-40.html.

Clifford, David (2008): Implementing ISO/IEC 20000 certification. The roadmap. Zaltbommel: itSMF International.

Ebel, Nadin (2012): ITIL V3-Basiswissen. Grundlagen-Know-how und Zertifizierungsvorbereitung für die ITIL Foundation-Prüfung. [Nachdr.]. München: Addison-Wesley.

Frey, Thomas (2015): Von der ITIL Foundation zum ITIL Expert. Das grosse Repetitorium zum Service Managagement nach ITIL V3 Edition 2011. 1. Auflage. Berlin: epubli GmbH.

Fry, Malcolm (2010): ITIL lite. A road map to full or partial ITIL implementation. London: TSO (ITIL).

ISO/IEC 20000:2011, 2011: Information Technology Service Management. Online verfügbar unter https://www.iso.org/obp/ui/#iso:std:iso-iec:20000:-1:ed-2:v1:en, zuletzt geprüft am 04.08.2017.

Marrone, Mauricio; Gacenga, Francis; Cater-Steel, Aileen; Kolbe, Lutz (2014): IT Service Management: A Cross-national Study of ITIL Adoption. In: *Communications of the Association for Information Systems* 34, S. 865–892.

Marrone, Mauricio; Kolbe, Lutz M. (2011): Einfluss von IT-Service-Management-Frameworks auf die IT-Organisation. In: *WIRTSCHAFTSINFORMATIK* 53 (1), S. 5–19. DOI: 10.1007/s11576-010-0257-8.

Mohamed, Mirghani S.; Ribière, Vincent M.; O'Sullivan, Kevin J.; Mohamed, Mona A. (2008): The restructuring of the informatio n technology infrastructure library (ITIL) implementation using knowledge management framework. In: *VINE* 38 (3), S. 315–333. DOI: 10.1108/03055720810904835.

Rudd, Colin (2010): ITIL V3 planning to implement service management. London: TSO.

Theisen, Anja (2012): Lean Six Sigma als Instrument für die Messung von ITIL-Prozessen. Hg. v. Open Publishing GmbH. München.

van Bon, Jan; Dauer, Monika (2012): ITIL. Das Taschenbuch. 1. Ausg. Zaltbommel: Van Haren Publishing (Best practice).

Zielke, Frank (2010): ITIL überzeugend einführen. Methoden und soziale Kompetenzen. Düsseldorf: Symposion.